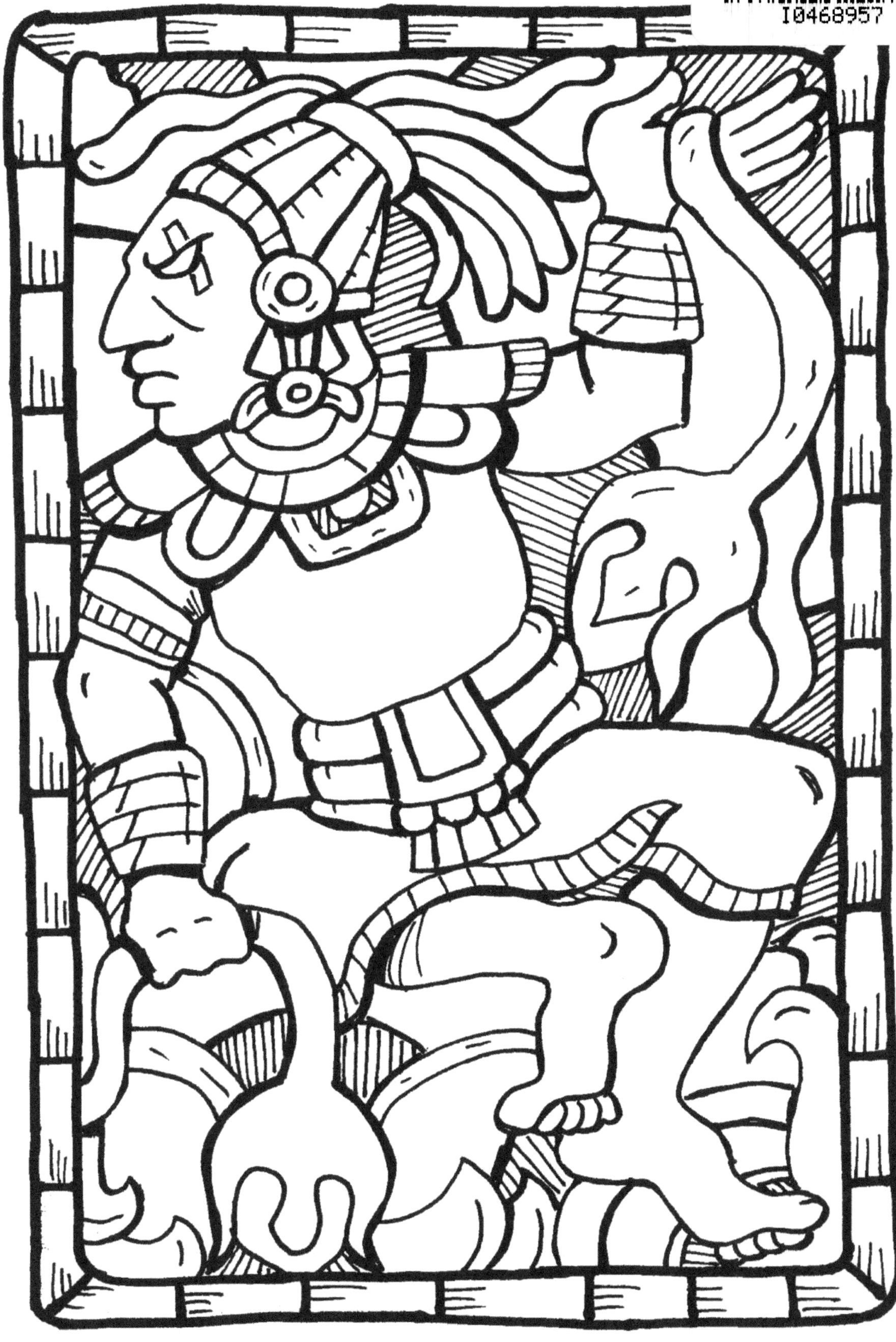

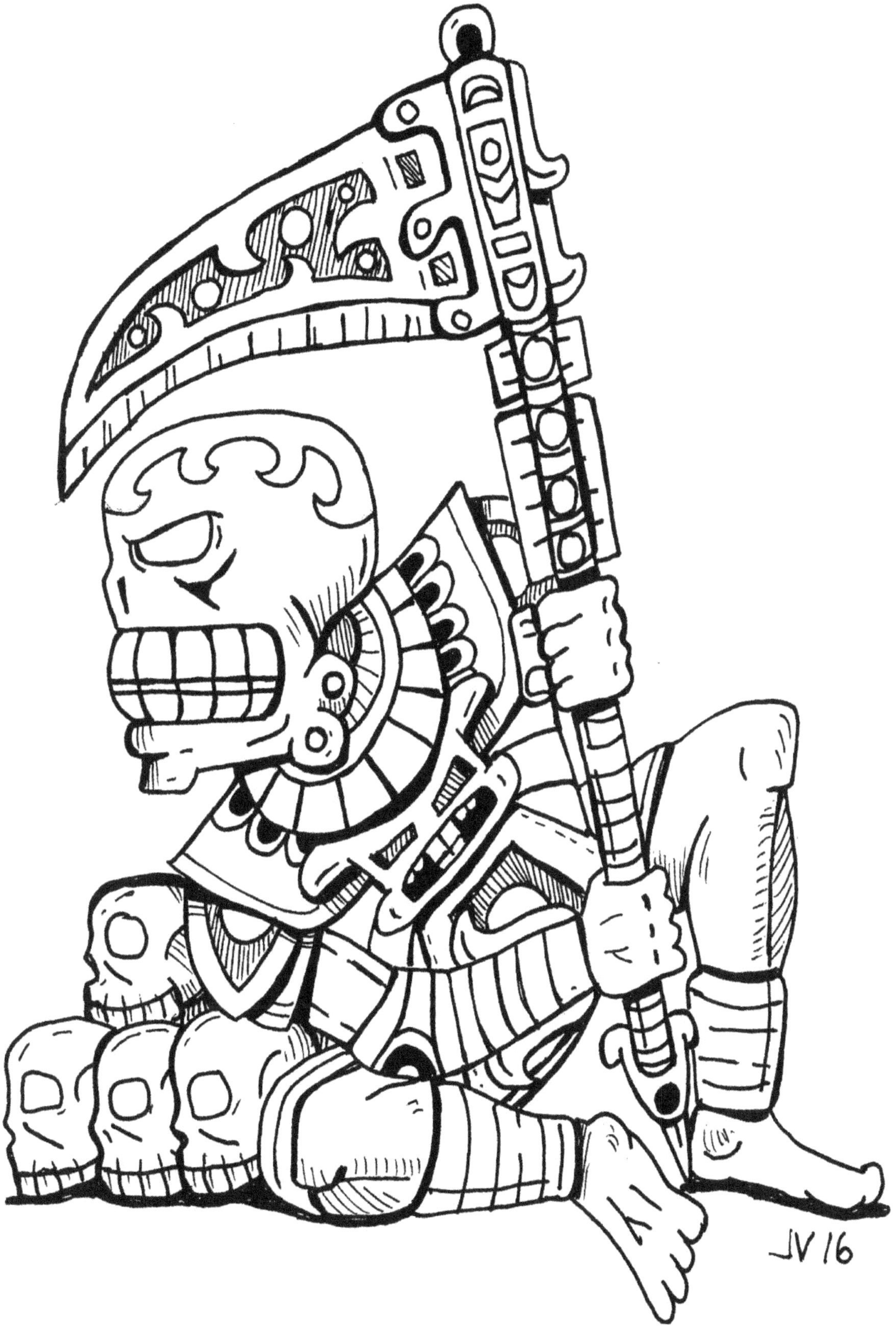
JV16

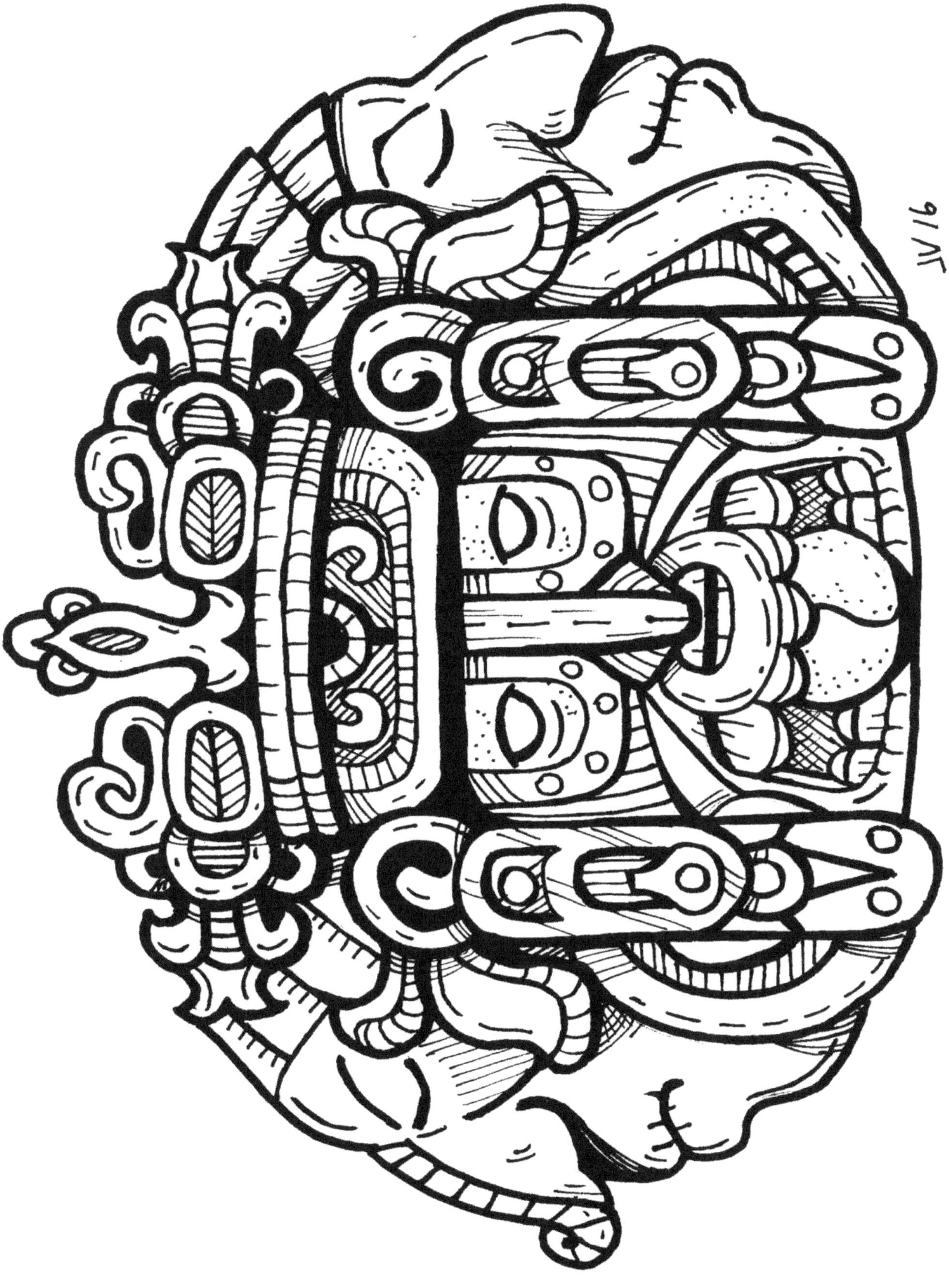

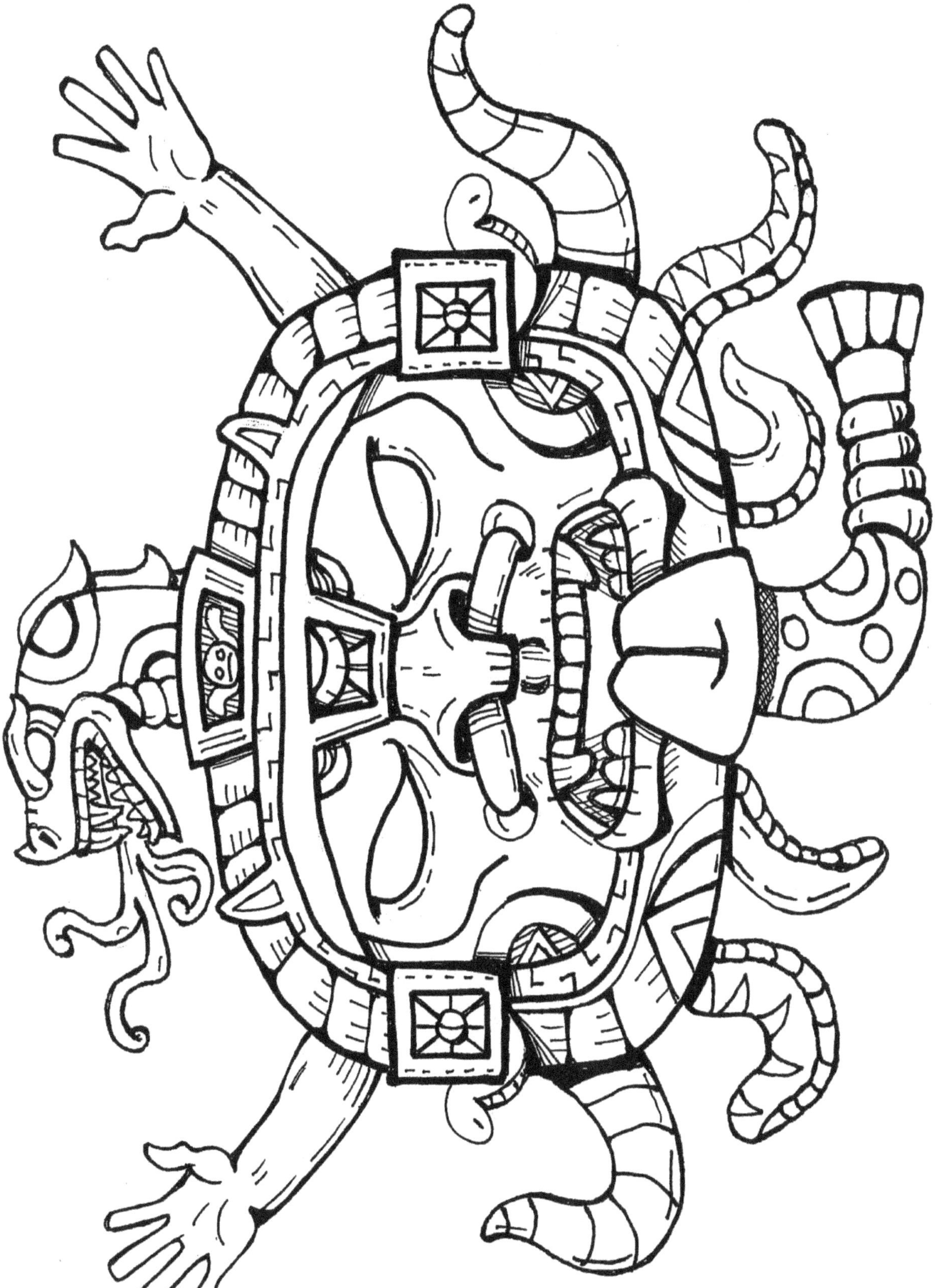

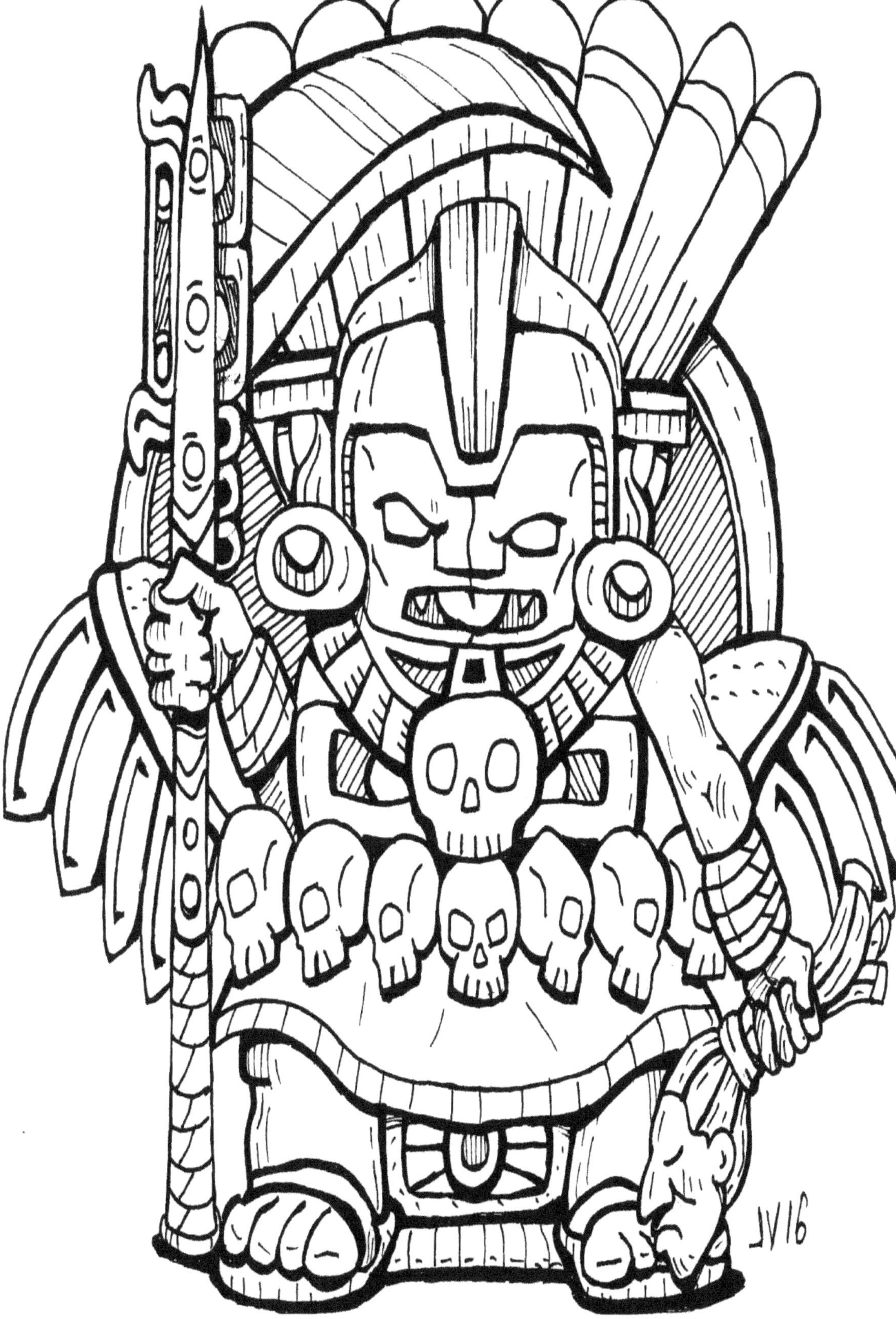
JV16

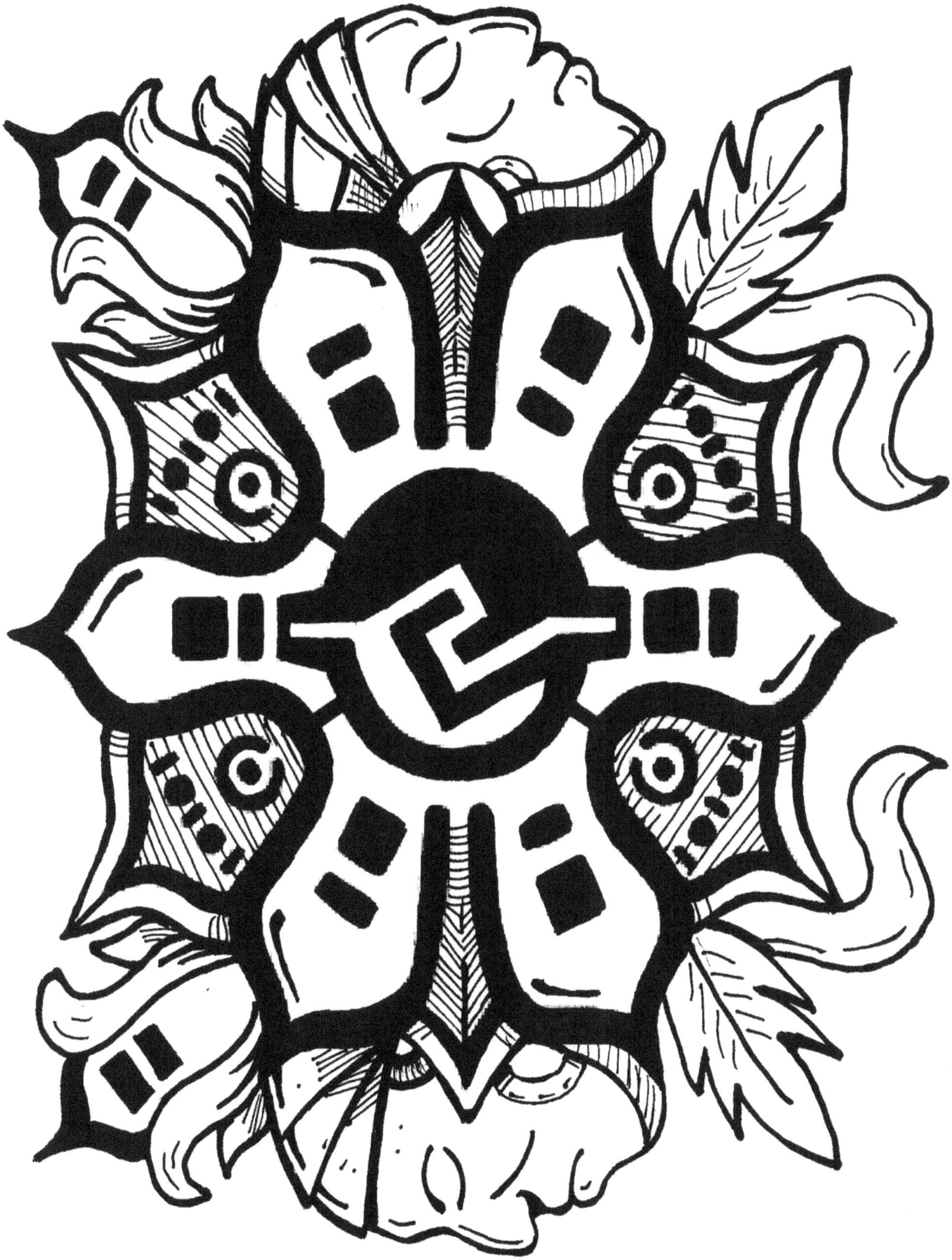

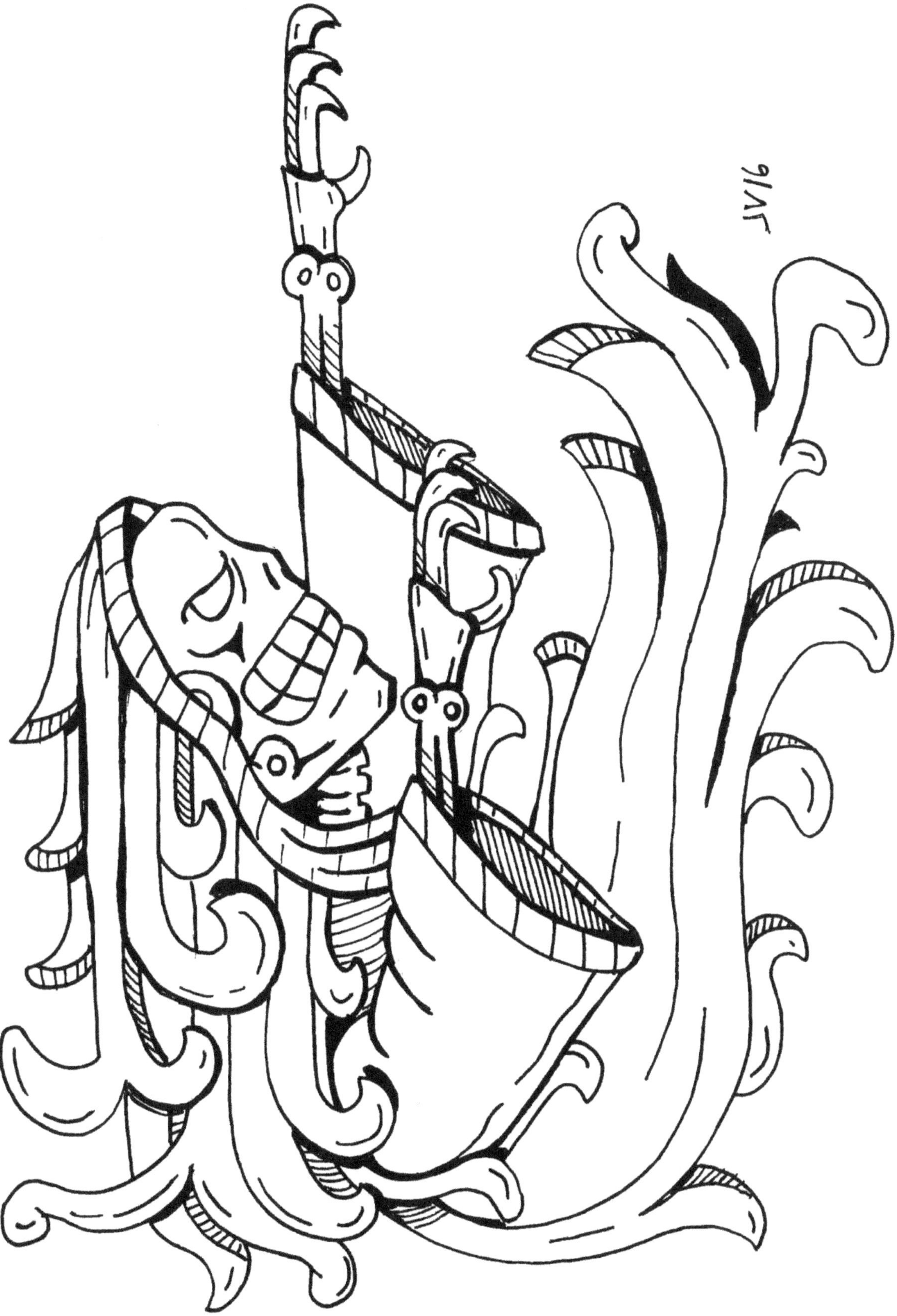

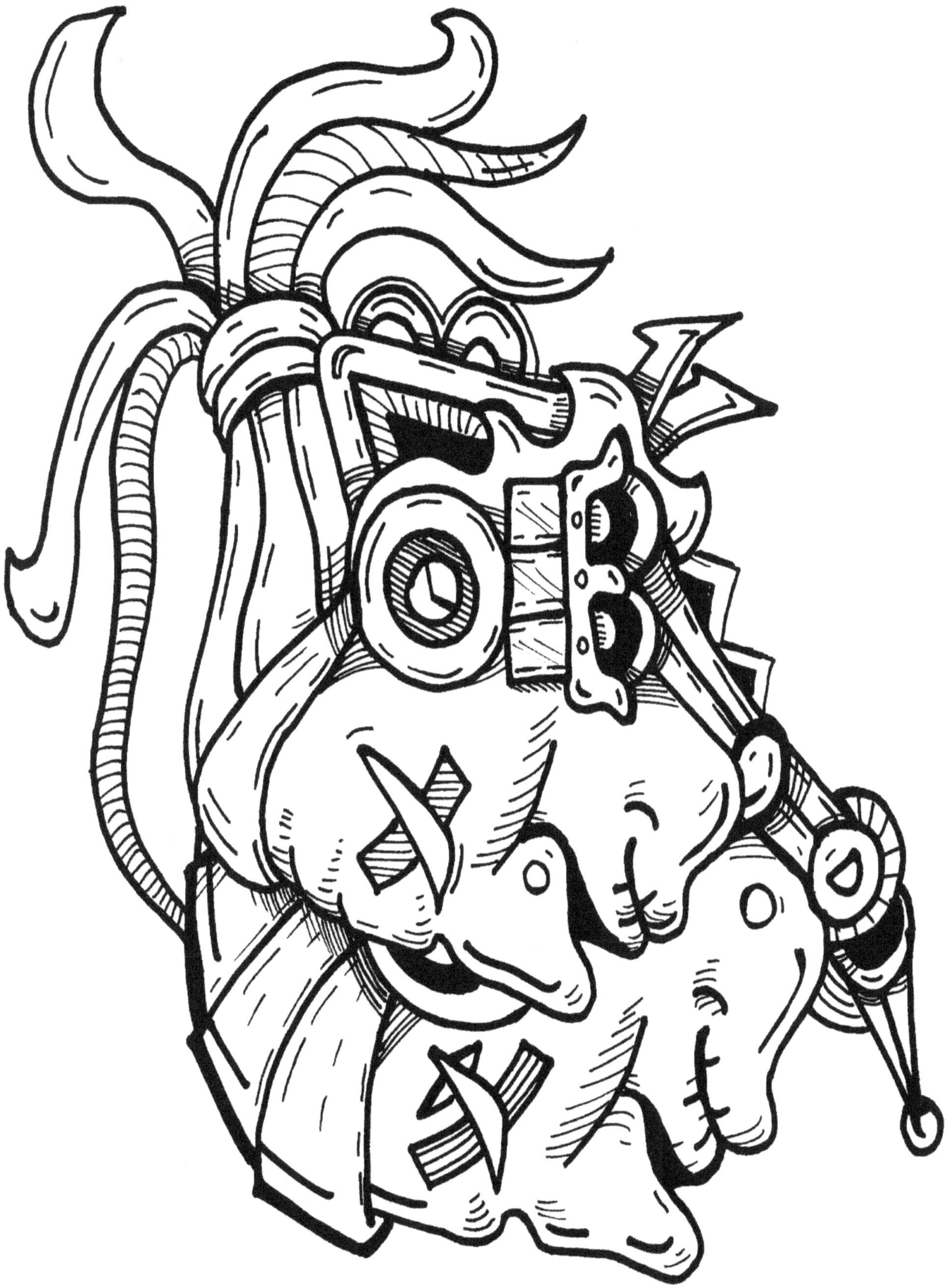

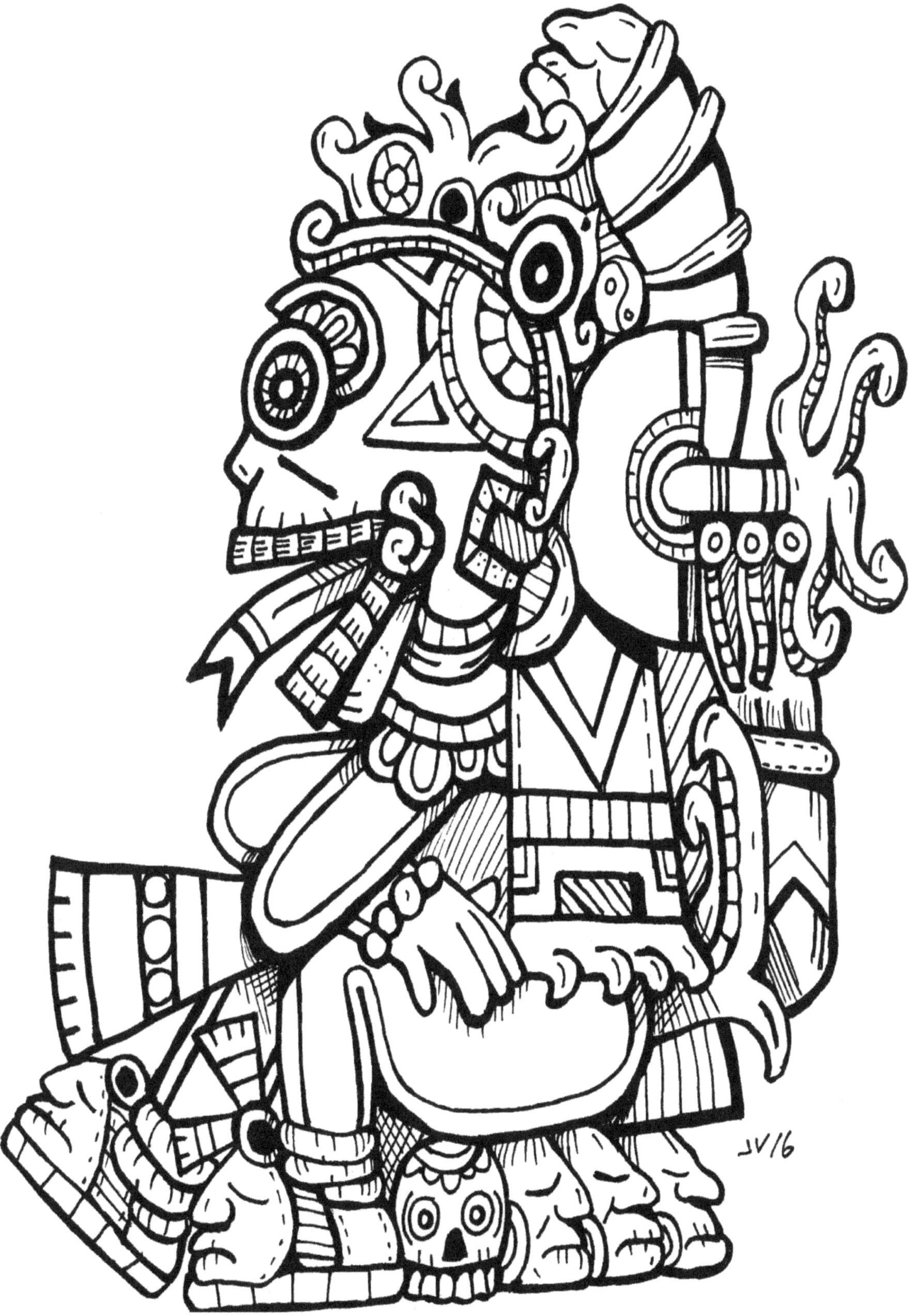
JV16

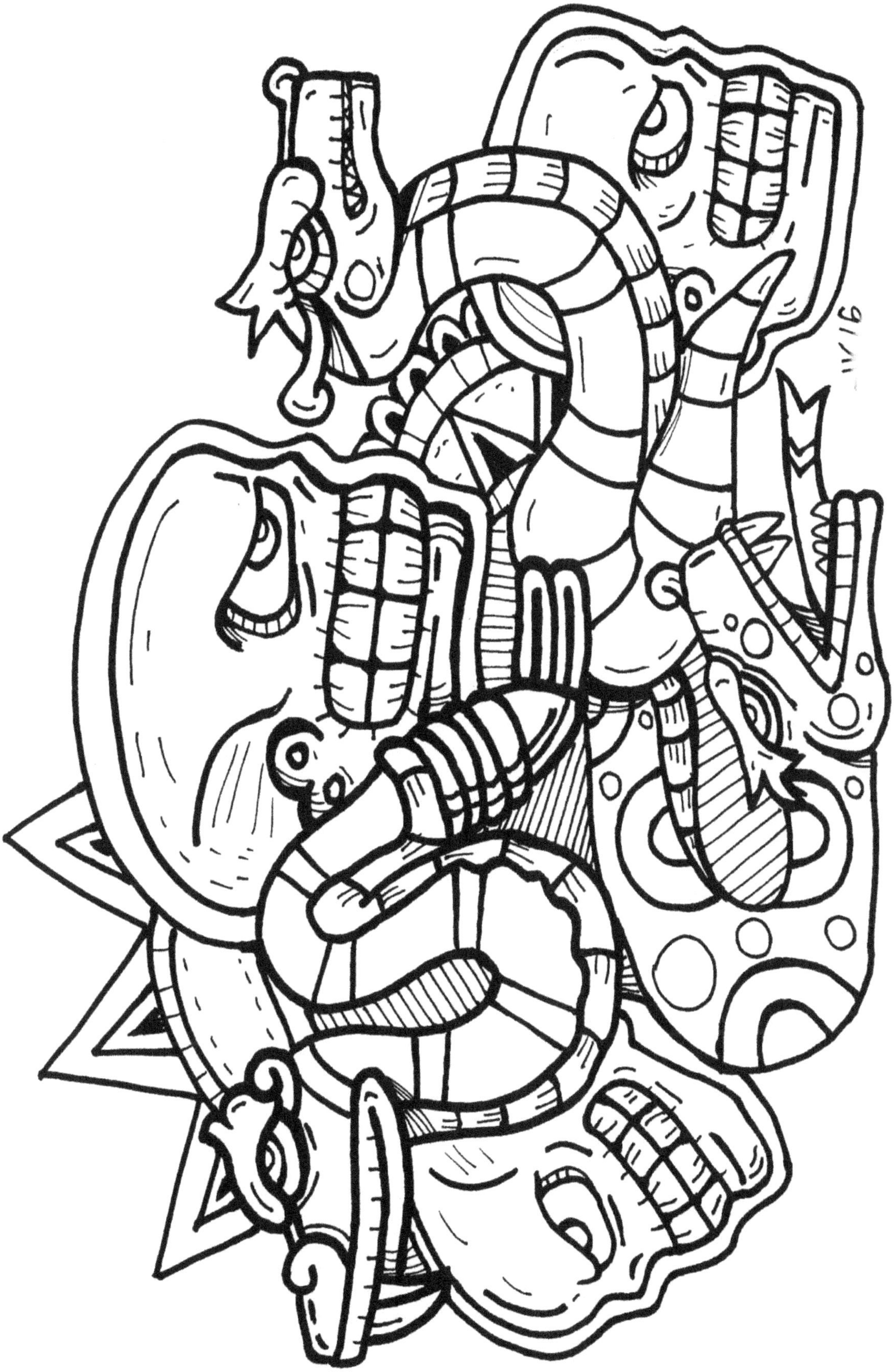

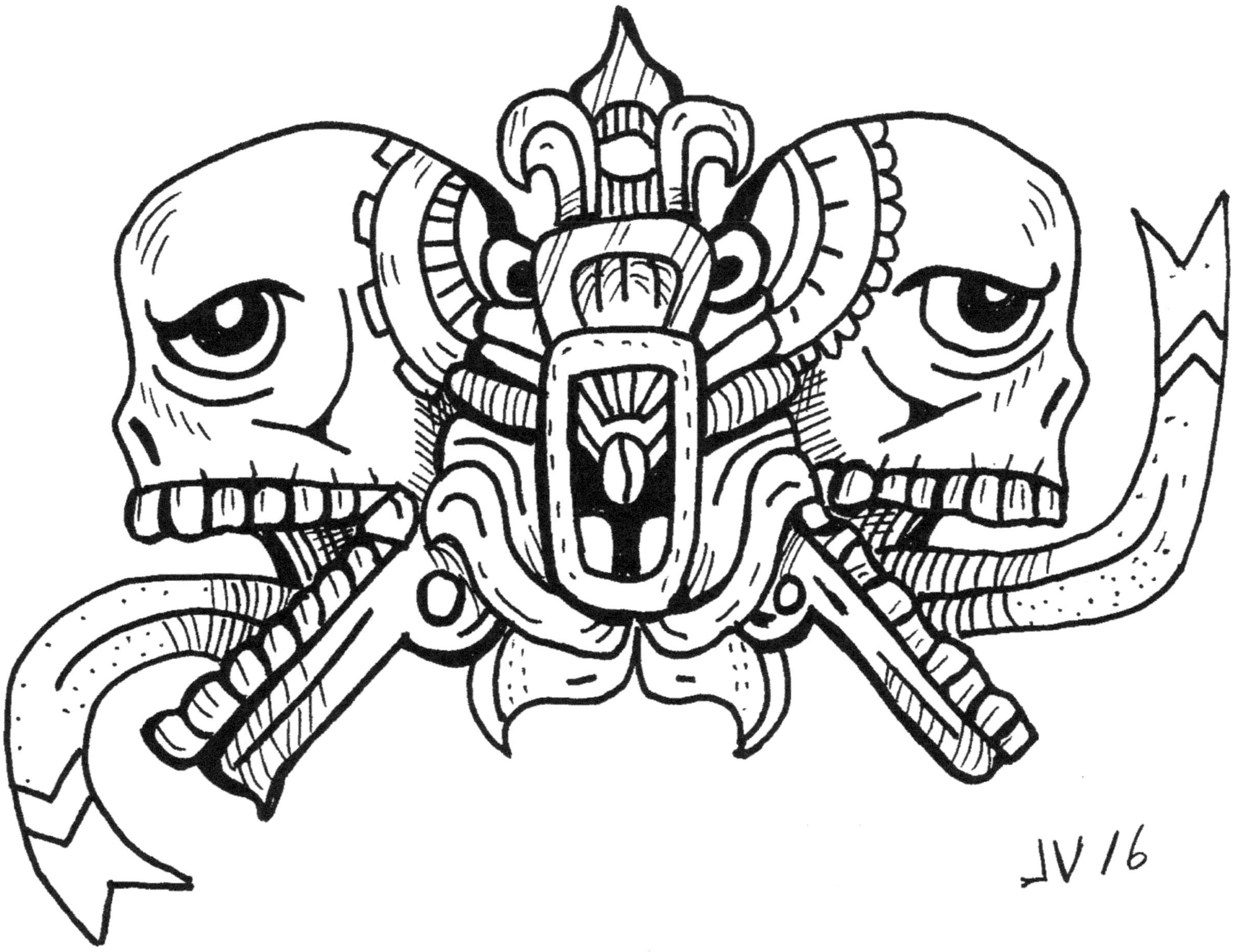

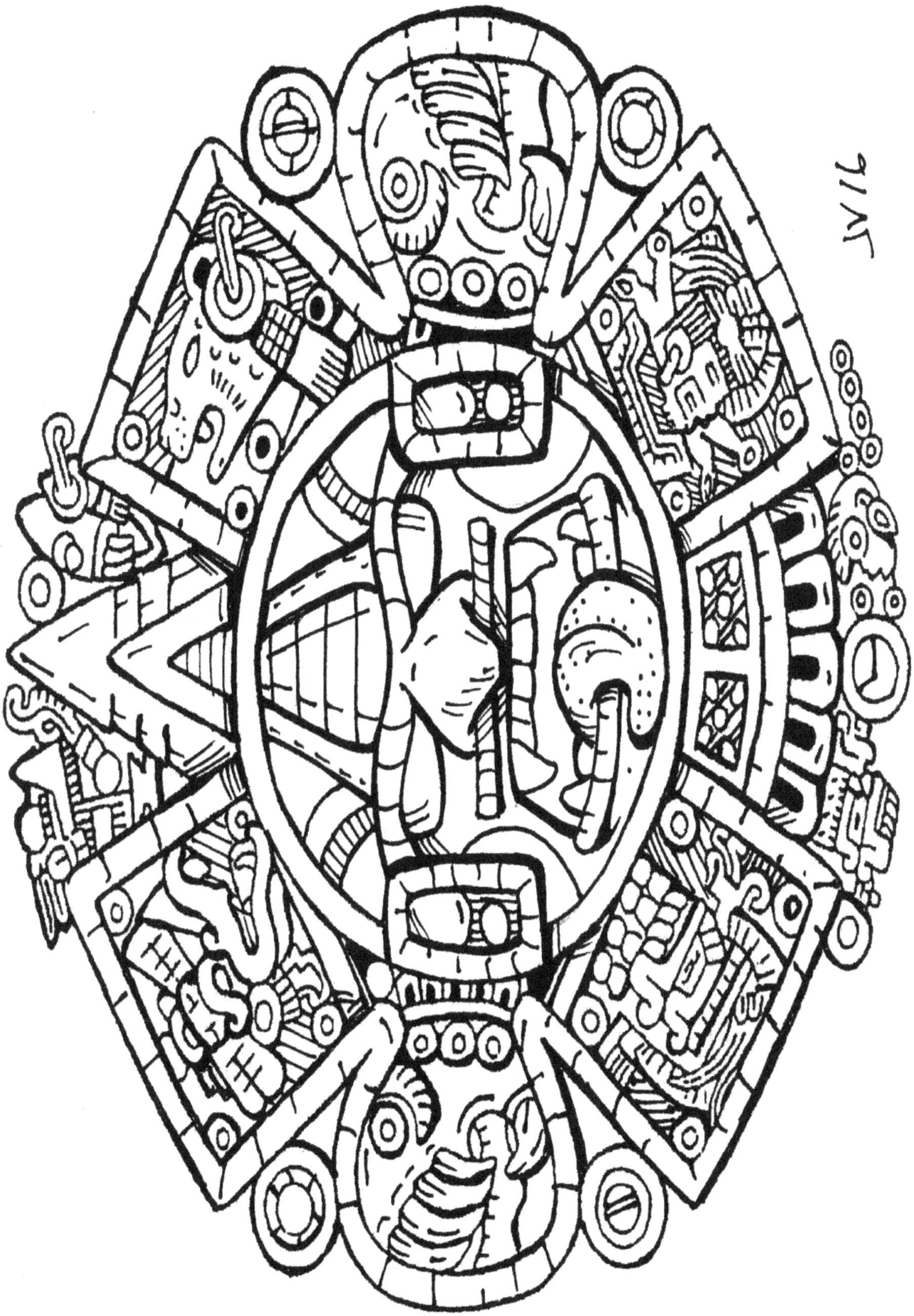

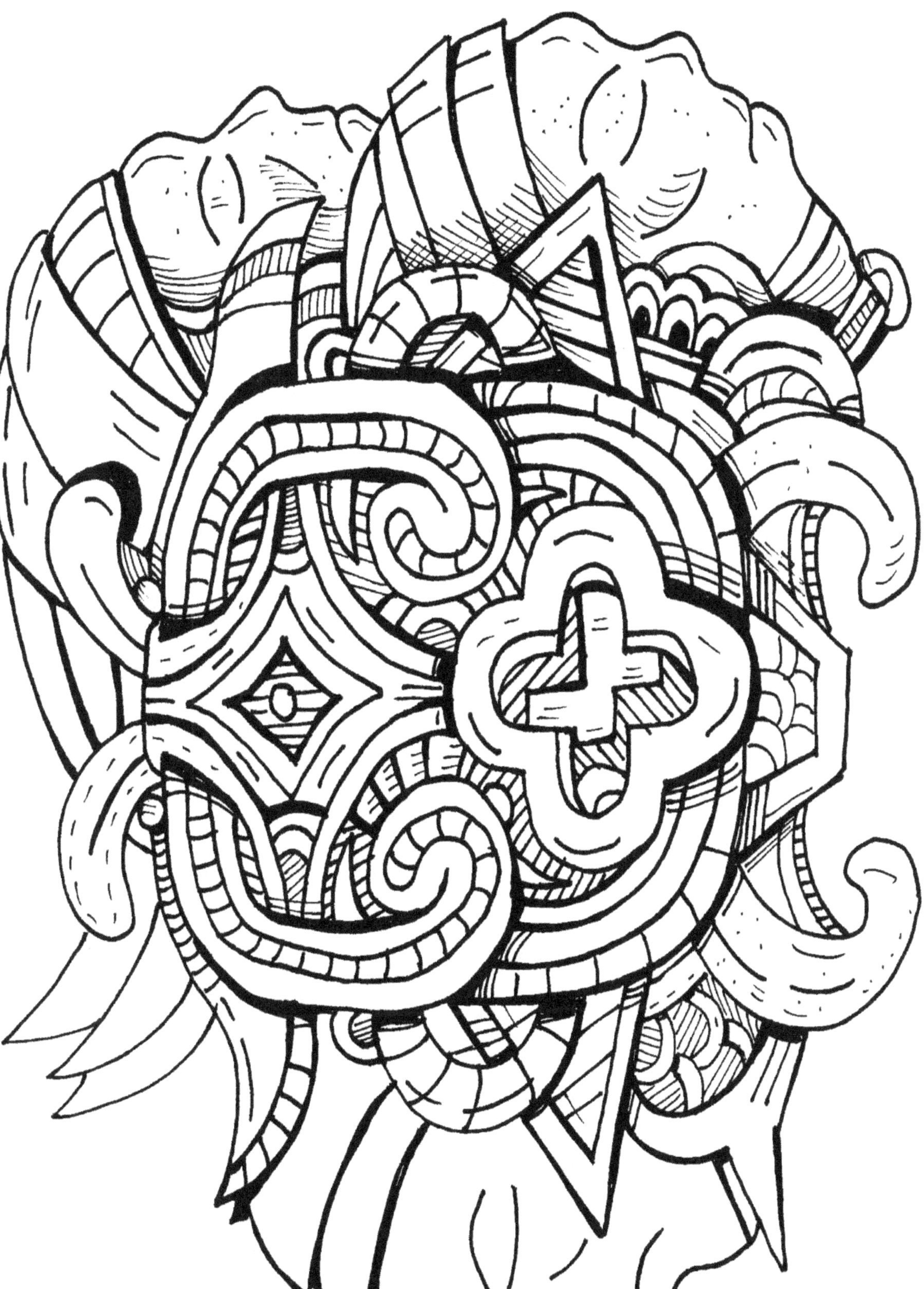

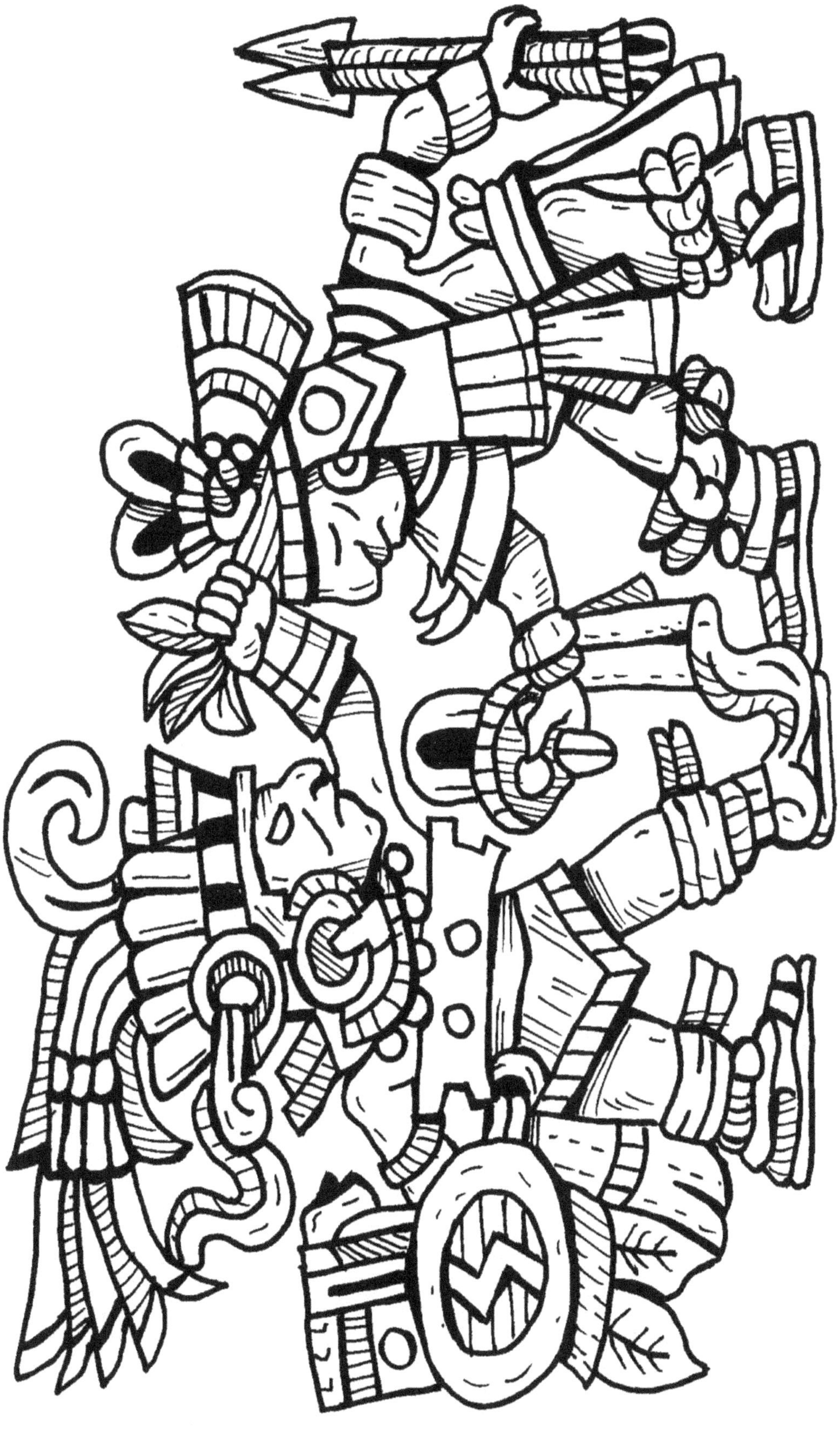

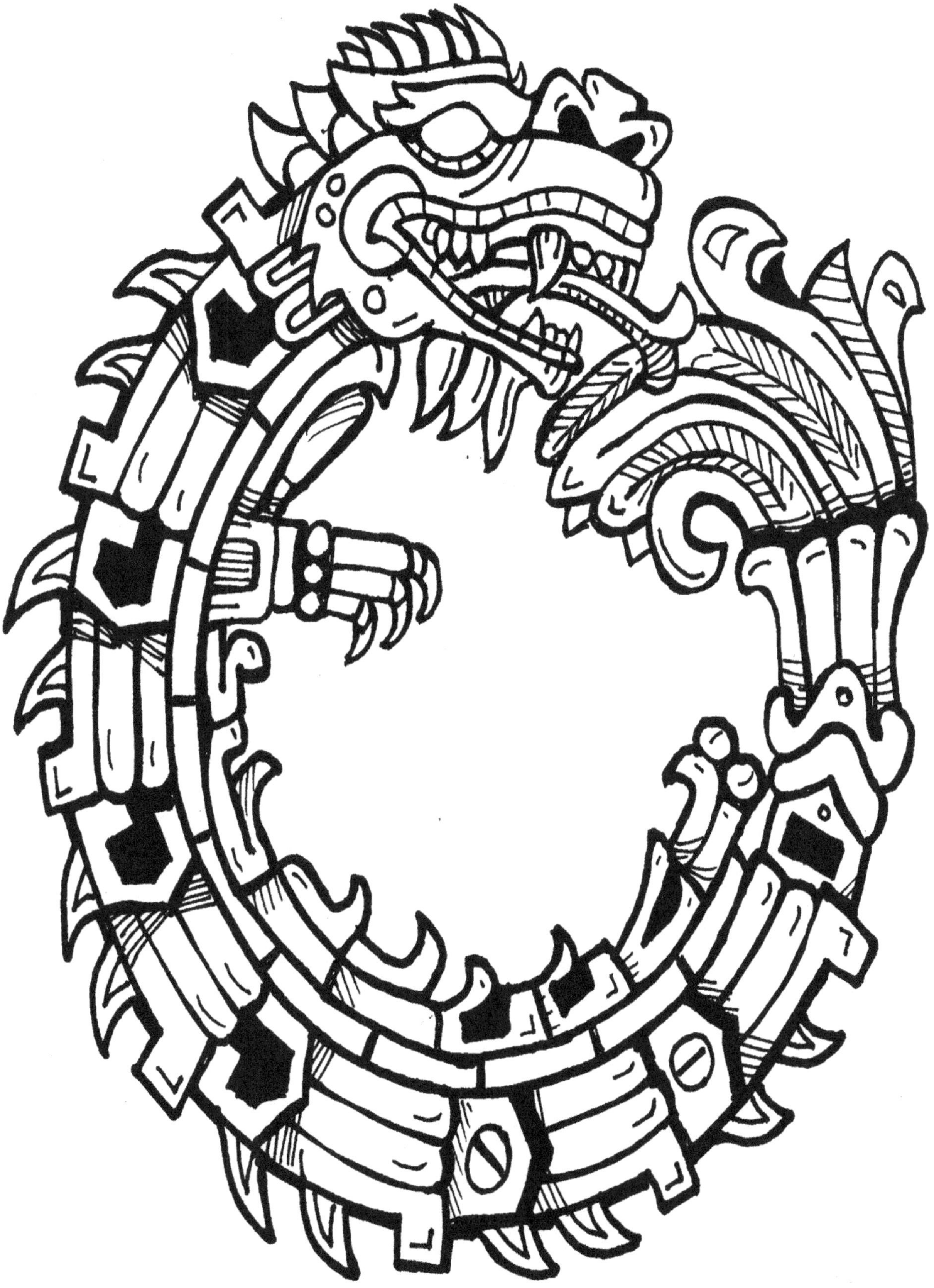

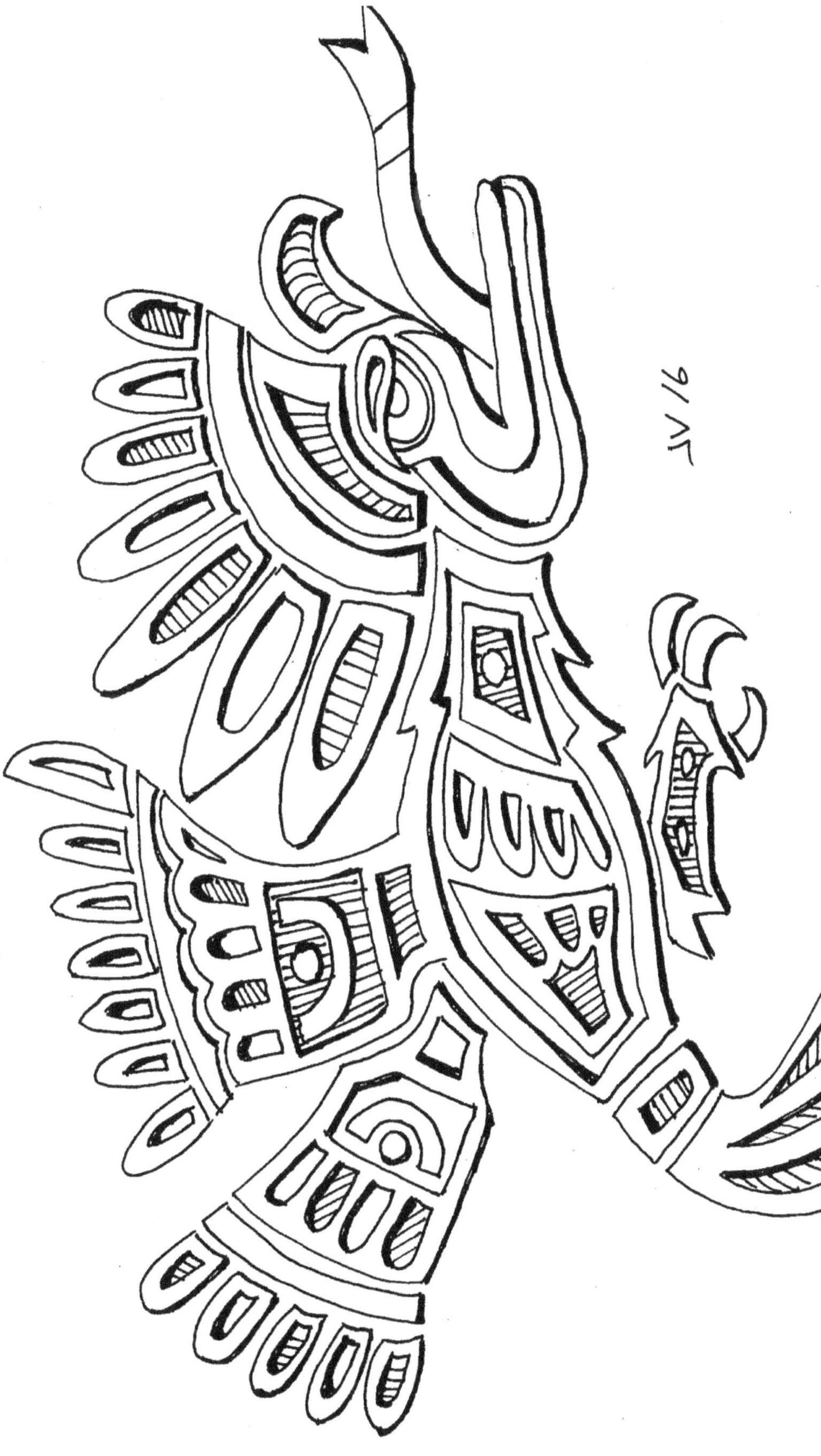

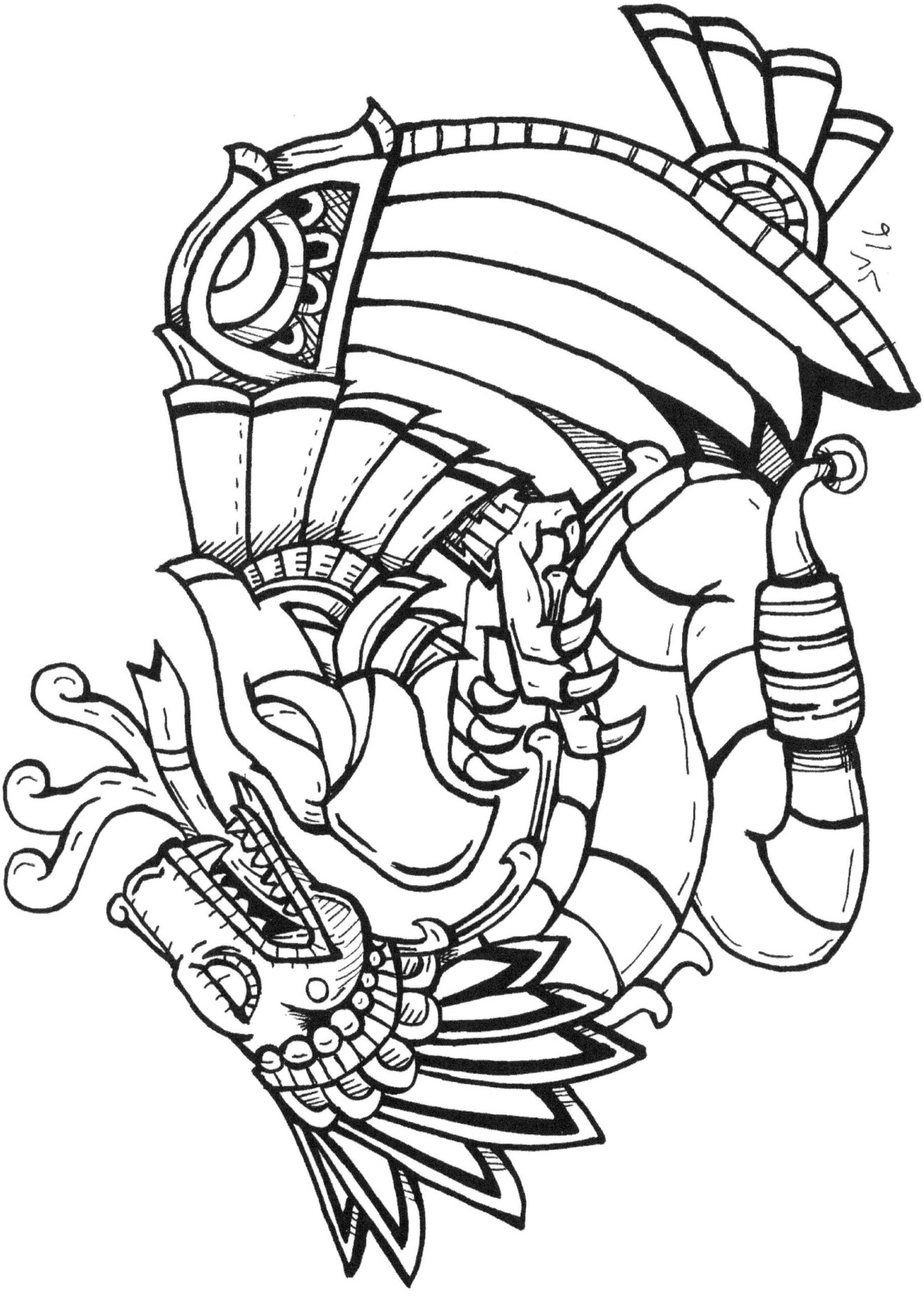

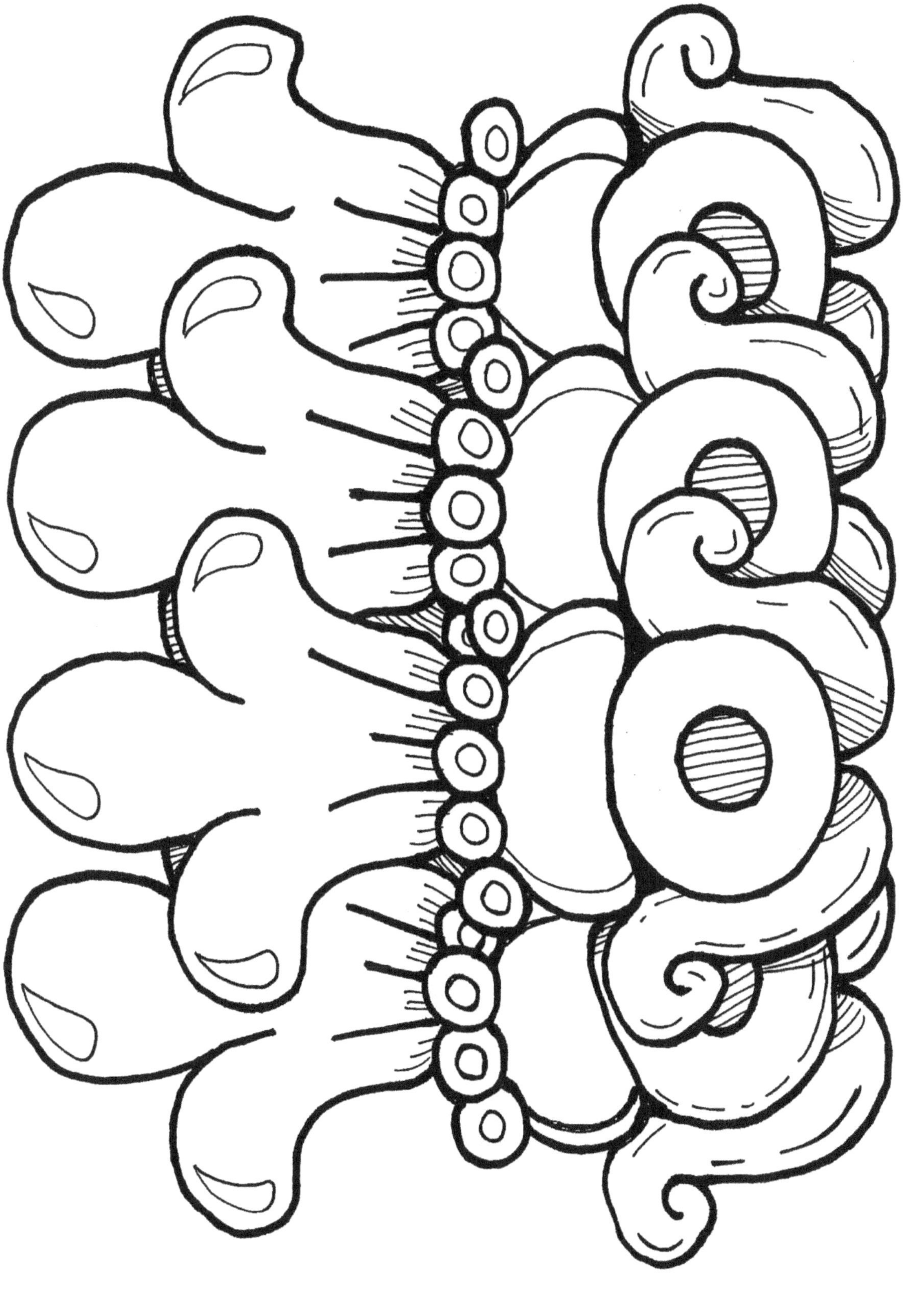

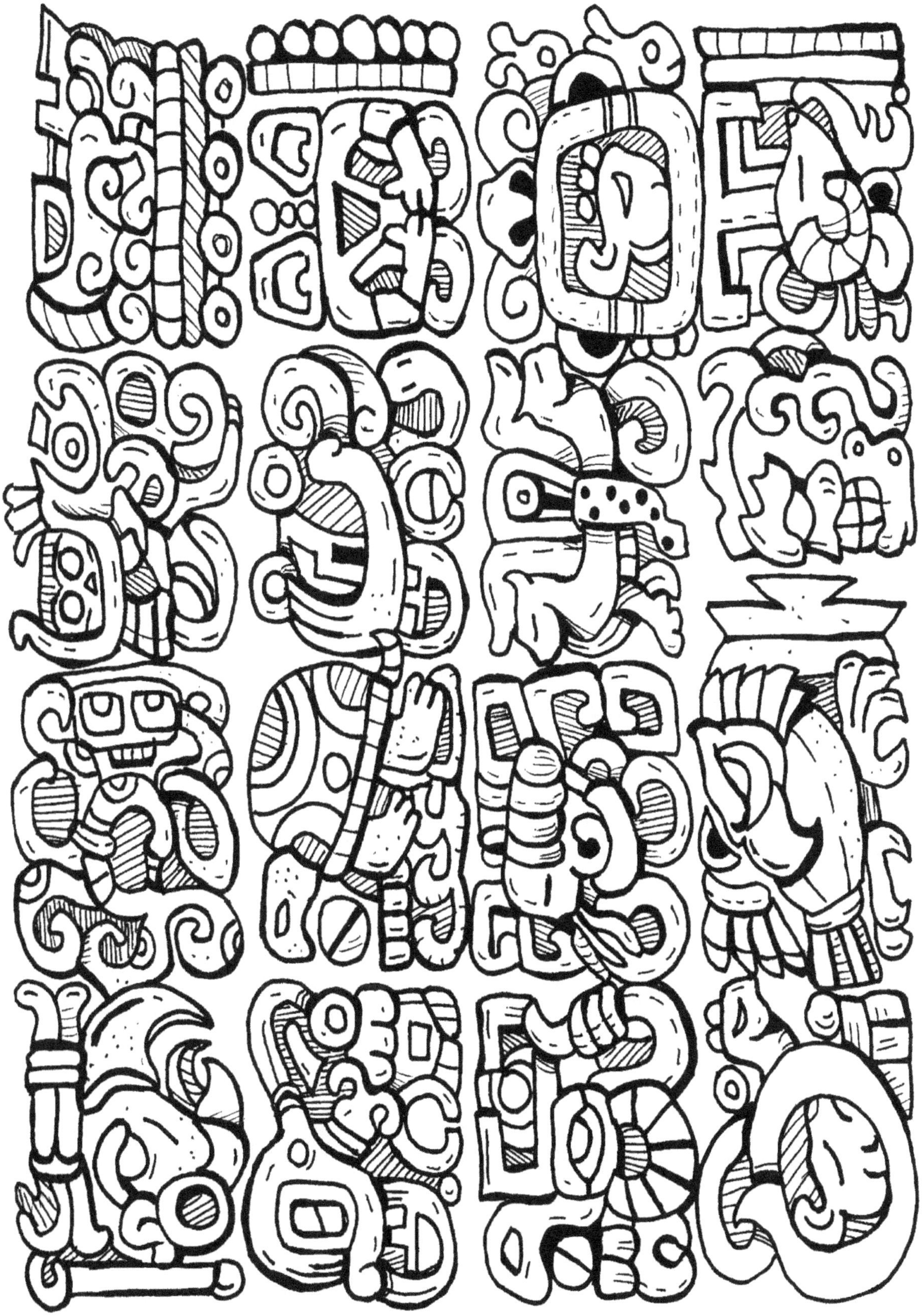

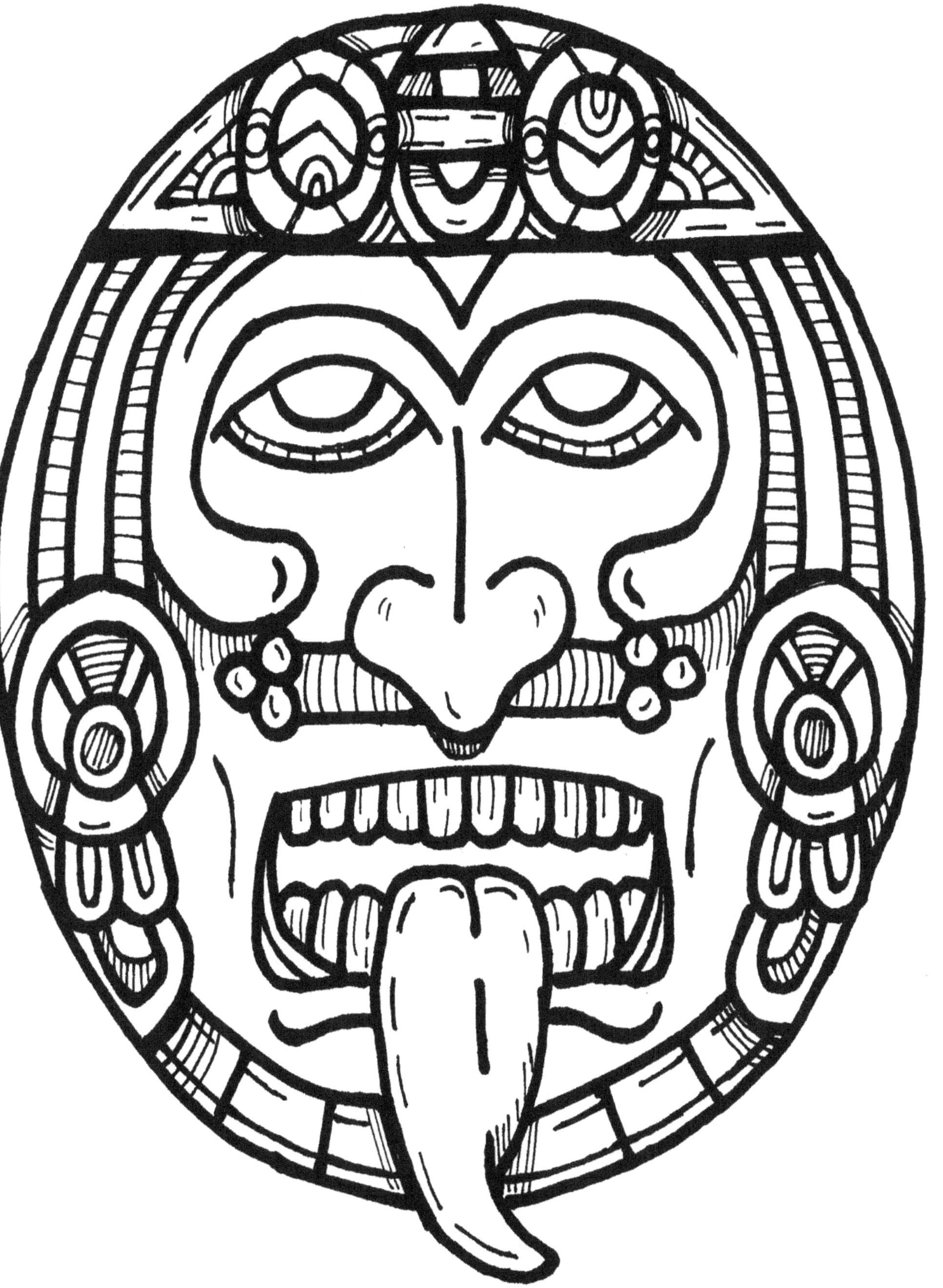

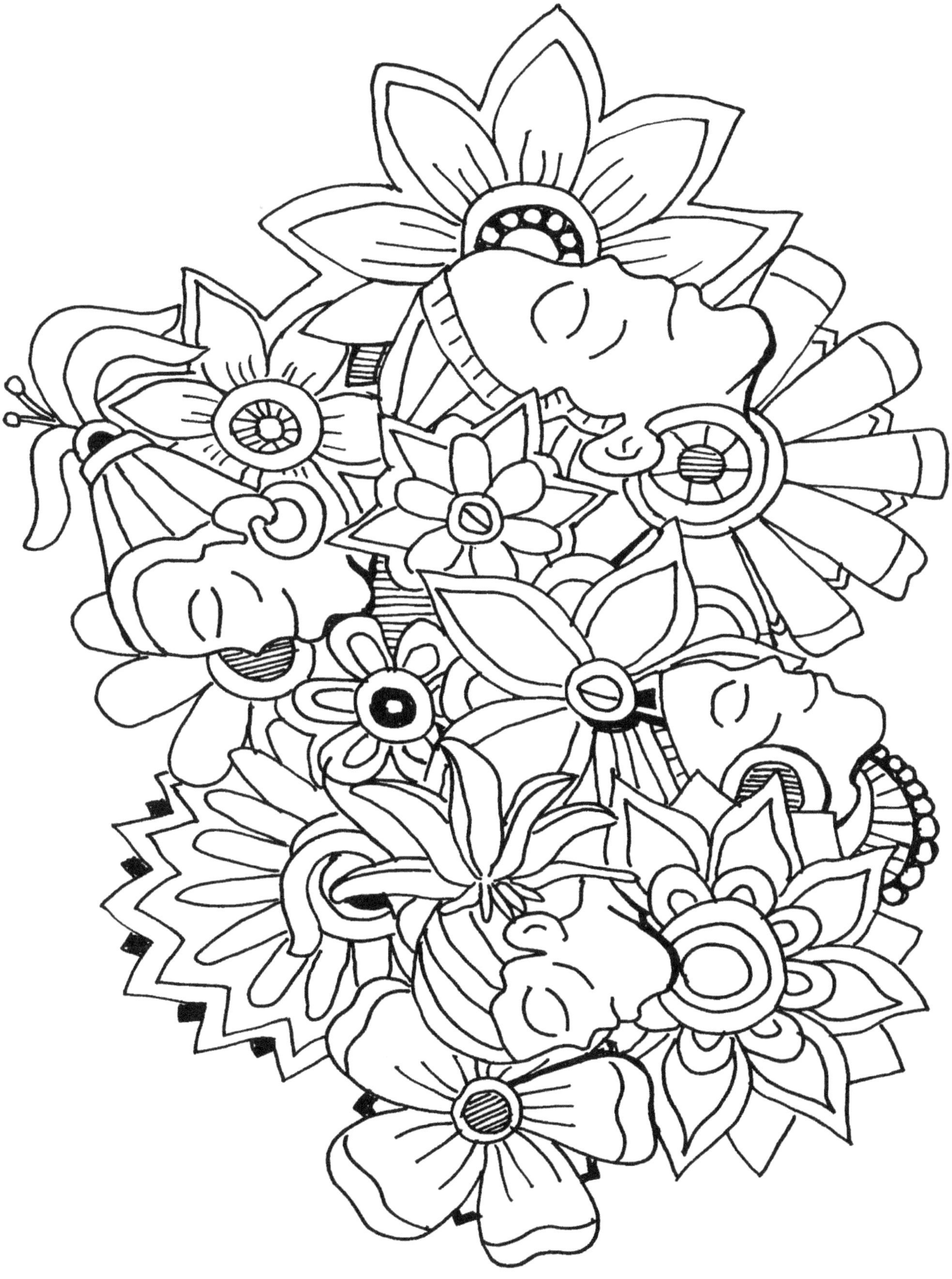

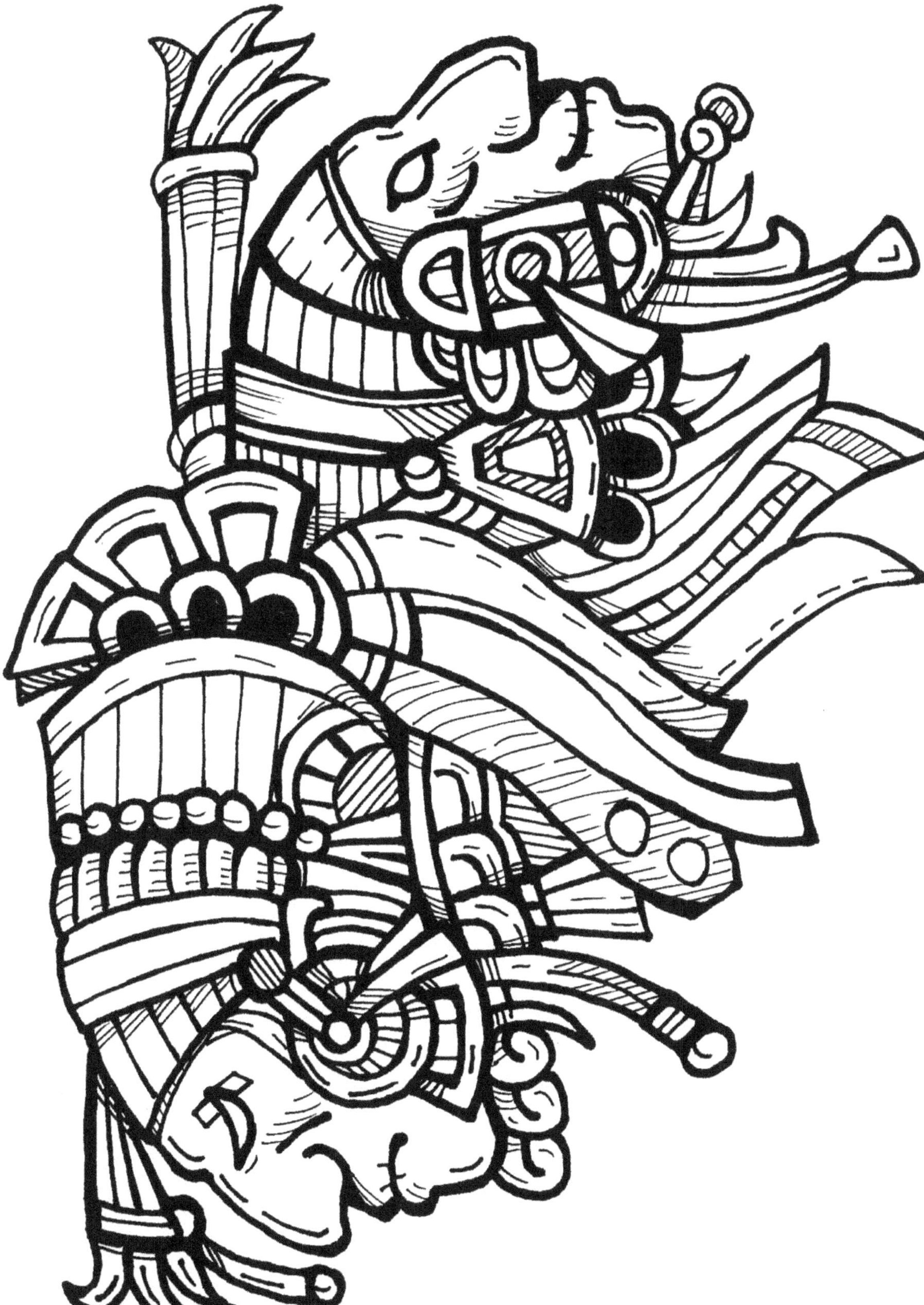

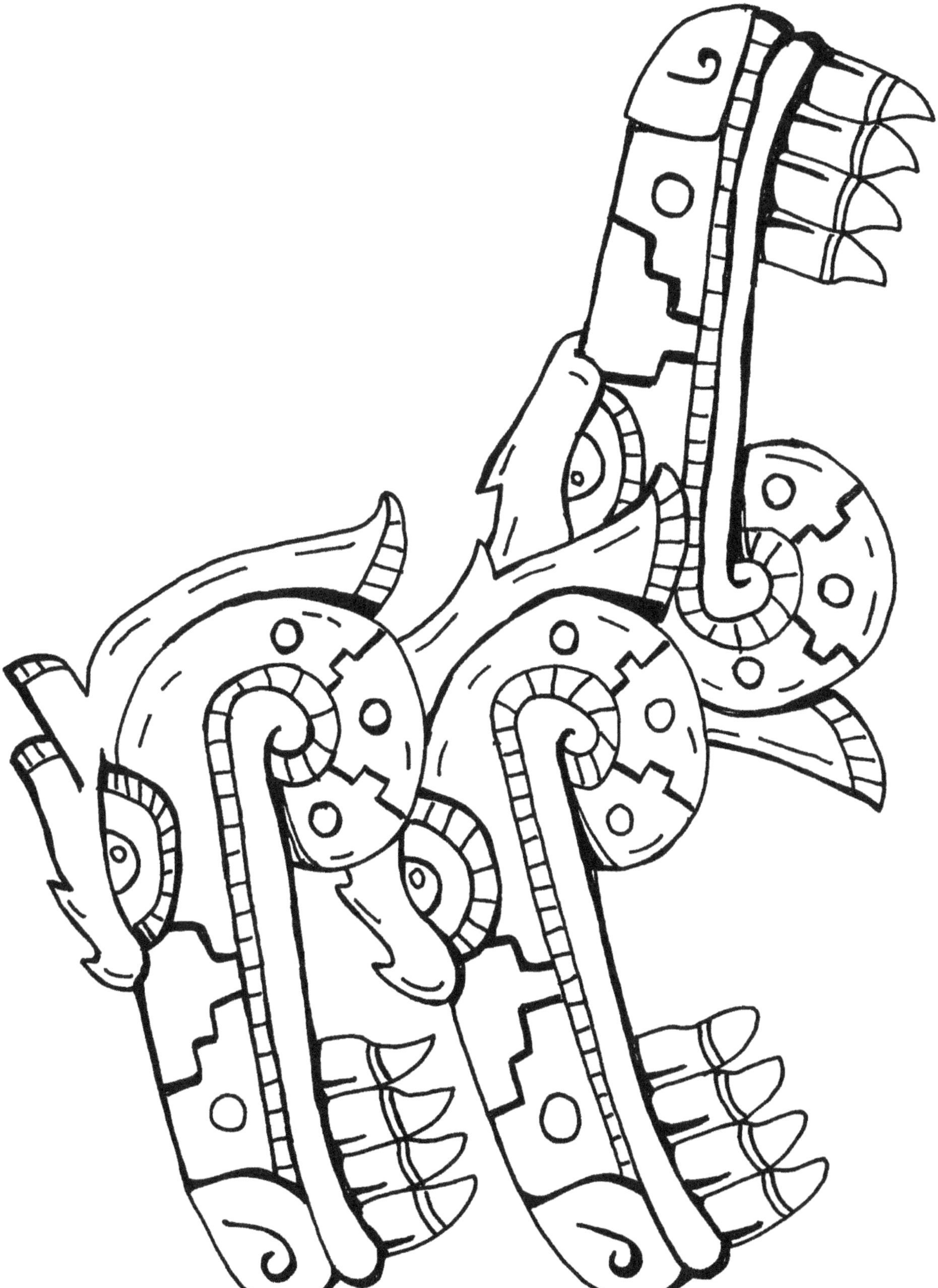

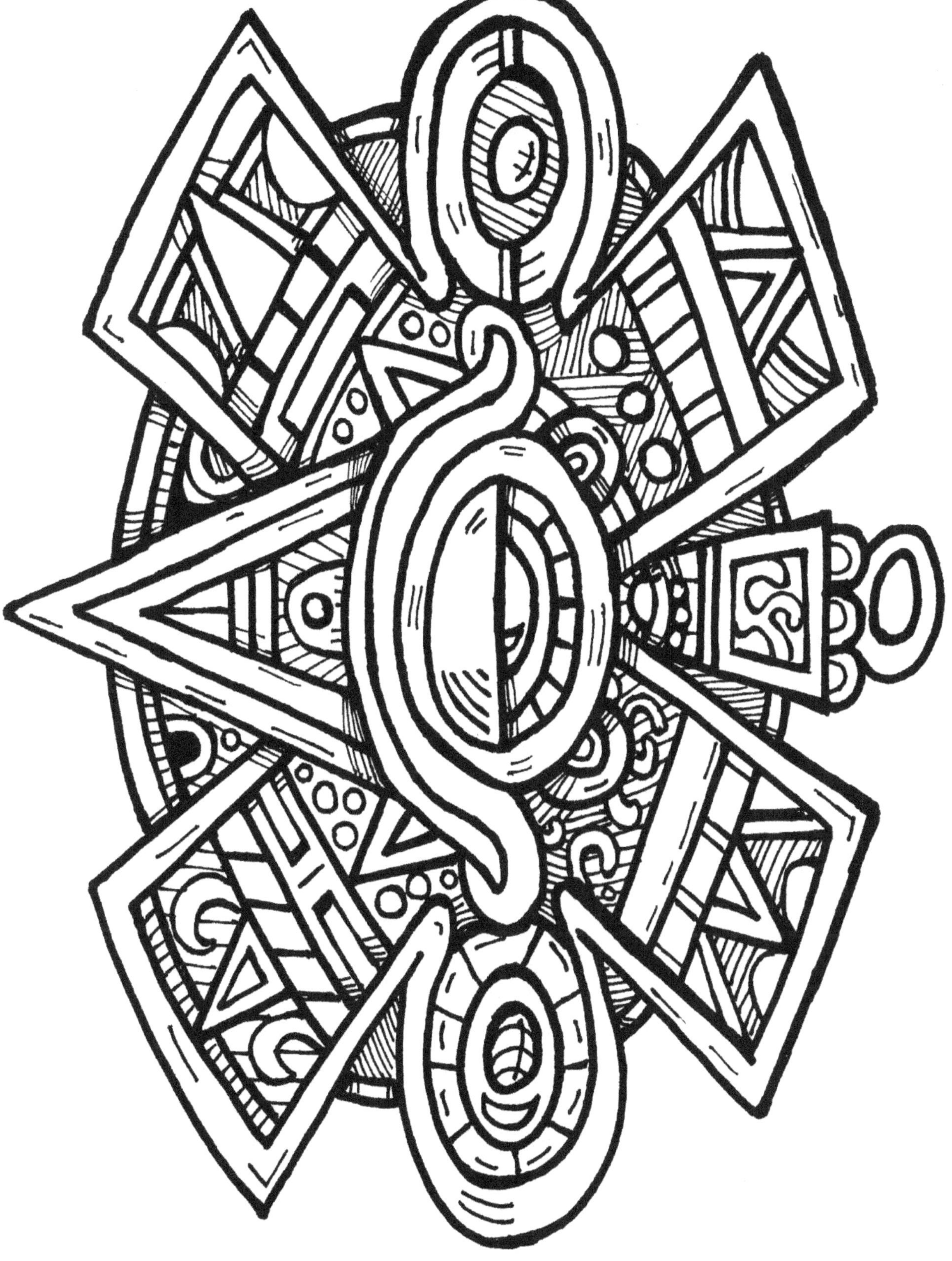